# 반려동물
# 자연식레시피

신아람 · 김경희 공저

# 반려동물 자연식레시피

동문사

# 머리말

반려동물은 우리 삶의 소중한 가족이자 친구입니다. 많은 보호자들이 반려동물과 함께하는 시간을 더 건강하고 행복하게 만들기 위해 노력합니다. 그 중에서도 반려동물의 건강과 가장 직결되는 것이 바로 '먹거리(=음식)'입니다.

최근 수제 간식, 자연식, 맞춤형 식단 등 반려동물 식품에 대한 관심이 높아지면서, 보호자들은 더 건강하고 안전한 먹거리를 제공하고 싶어 합니다. 이에 따라 직접 조리하는 방법을 배우려는 분들도, 반려동물식품과 관련된 창업을 하려는 분들도 점점 늘어나고 있습니다.

"우리 아이한테 더 좋은 음식을 만들어 줄 수는 없을까?"
"수제 간식을 만들어 주고 싶은데, 안전하고 건강한 레시피가 있을까?"
"입맛이 까다로운 우리 아이도 좋아할 특별한 레시피가 있을까?"
"반려동물 간식 시장이 점점 커지는데, 차별화된 제품을 만들려면 어떻게 해야 할까?"
"건강하고 안전한 재료로 만든 수제 간식을 상품화하려면 어떤 점을 고려해야 할까?"

이런 고민을 하는 분들을 위해 이 책을 준비했습니다. 반려동물을 위한 건강한 식단과 간식을 직접 만들 수 있도록 기초 영양 지식부터 실용적인 레시피까지 쉽게 풀어 설명한 책으로, 단순히 레시피를 따라 하는 것이 아니라, 왜 이런 재료를 선택하는지, 어떤 점을 주의해야 하는지까지 꼼꼼하게 담았습니다.

이 책이 반려동물의 건강한 식사를 고민하는 보호자, 반려동물 식품 산업에 관심이 있는 창업가, 그리고 관련 학문을 연구하는 학생들에게 이 책이 유용한 지침서가 되기를 바랍니다.

반려동물과 보호자가 함께 더욱 행복한 식문화를 만들어가는 데 이 책이 작은 도움이 되기를 기대하며, 독자 여러분의 많은 관심과 응원을 부탁드립니다.

저자 일동

# 목차

# Chapter 1
# 반려동물 식품이란?

# 1. 반려동물이란 무엇인가

반려동물은 인간과 특별한 유대관계를 맺으며 함께 살아가는 동물로, 단순히 애완동물의 개념을 넘어 인간에게 정서적 안정과 삶의 동반자가 되는 존재를 의미한다. '반려'라는 단어는 '짝'이나 '동반자'를 뜻하는데 이는 사람과 동물이 단순한 주인과 소유물의 관계가 아니라 서로에게 중요한 의미를 부여하는 동반자 관계임을 나타낸다. 반려동물은 인간에게 즐거움과 위안을 주고, 사람의 삶 속에서 감정적, 심리적 도움을 주는 역할을 하며, 종종 가족 구성원의 일원으로 여겨지기도 한다.

이렇듯 반려동물의 가장 중요한 특징 중 하나는 정서적 유대를 형성하는 능력으로 반려동물은 단순히 물리적으로 사람과 함께 지내는 것이 아니라, 주인과 감정적으로 연결되어 있다. 예를 들어 개나 고양이의 경우 주인의 기분이나 감정을 민감하게 감지하고 그에 맞춰서 행동하는 경우가 많다. 개가 주인이 슬퍼할 때 다가와 옆에 앉아 위로를 건네는 행동을 하거나, 주인이 기쁠 때 함께 기뻐하는 반응을 보이는 것과 같은 행동들이다.

반려동물이 더 이상 인간의 소유물이 아니라 독립된 생명체로서 존중받아야 한다는 인식의 변화에 따라 현대 사회에서는 반려동물의 법적 지위 또한 변화하고 있다. 일부 국가에서는 반려동물을 보호하고 그들의 권리를 보장하는 법적 장치들이 마련되었으며, 반려동물을 가족의 일원으로 보는 시각이 점점 더 보편화되고 있다. 한국은 1991년 동물보호법이 처음 제정된 이후, 여러 차례 개정을 통해 동물 학대 방지, 반려동물 보호, 유기동물 관리 등 다양한 내용을 다루고 있다. 최근까지 동물 학대 처벌 강화, 반려동물 돌봄 의무 확대, 반려동물 판매업 규제 강화 등 반려동물의 복지와 보호를 위해 점진적으로 발전해왔으며, 이는 인간과 동물이 더불어 살아가는 사회를 만들기 위한 중요한 법적 장치로 자리 잡고 있다.

## 2. 반려동물 식품(펫푸드)이란?

펫푸드[1]란 반려동물용 식품을 말하며, 개와 고양이 등의 반려동물이 섭취하는 주식 및 간식 등 모든 먹이를 포함한다. 이는 반려동물의 건강과 영양을 고려하여 제조된 식품으로 반려동물이 필요한 영양소를 균형 있게 섭취할 수 있도록 설계되며, 반려동물의 나이, 체중, 활동량, 건강상태 등에 맞추어 다양한 종류로 제공된다.

한국의 반려동물 식품은 '사료관리법'이 적용되며, 사료관리법상의 사료란 축산법에 따른 가축이나 그 밖에 농림축산식품부장관이 정하여 고시라는 동물 및 어류 등에 영양이 되거나 그 건강유지 또는 성장에 필요한 것으로서 단미사료, 보조사료, 배합사료를 말하며 동물용 의약으로써 섭취하는 것을 제외한다(사료관리법, 제1장 총칙, 제2조 정의).

일반적으로 사료(feed)는 사료 관리법에 의해 관리되는 경제성을 우선시하는 일반 산업용 동물의 먹이를 말하며, 반려동물용 사료는 제품의 품질, 기능 및 목적에 따라 차별적으로 소비된다(농림축산식품부, 애완동물사료 관련 기준 및 규정 제정 연구). 따라서 일반사료와 달리 식품(food)의 개념을 지니고 있다.

---

1 많은 기관과 정책에서 여전히 '펫(pet, 애완동물)'이라는 용어가 사용되고 있습니다. 그러나 반려가구의 증가로 인식이 변화하면서, 최근에는 '반려동물(companion animal)'이라는 표현이 보편화되고 있습니다. 이에 따라 본 교재에서는 '펫'이라는 용어를 모두 '반려동물'로 변경하여 사용합니다.

## 사료관리법상 사료의 분류

- **단미사료 :** 식물성·동물성 또는 광물성 물질로써 사료로 직접 사용되거나 배합사료의 원료로 사용되는 사료

| 구분 | 사료종류 | 구분 | 사료종류 |
|---|---|---|---|
| 식물성 | 강피류(곡물부산물류) | 동물성 | 무기물류 |
| | 박류(단백질류) | | 유지류 |
| | 식품가공부산물류 | | 곤충류 |
| | 조류 | | 플랑크톤류 |
| | 섬유질류 | | 단백질류 |
| | 제약부산물류 | | 낙농가공부산물류 |
| | 유지류 | 광물성 | 식염류 |
| | 전분류 | | 인산염류 및 칼슘염류 |
| | 곡류(곡물) | | 다량광물질류 |
| | 서류 | | 미량광물질류 |
| | 콩류 | | 혼합광물질류 |
| | 견과·종실류 | 기타 | 유지류 |
| | 과실류 | | |
| | 채소류 | | 단세포단백질 |
| | 버섯류 | | 남은 음식물 |
| | 기타 식물류 | | 반려동물 음용수 |
| 혼합성 | 혼합제 | | 기타 |

※ 농림축산식품부(2019.10.24.) 사료 등의 기준 및 규격, 단미사료의 범위[별표1]

• **보조사료 :** 사료의 품질 저하 방지 또는 사료의 효용을 높이고자 사료에 첨가하는 것

| 구분 | 사료종류 | 구분 | 사료종류 |
|---|---|---|---|
| 결착제 | 천연결착제 | 추출제 | 초목추출물 |
| | 합성결착제 | | 종자추출물 |
| | 합제 | | 세포벽추출물 |
| 보존제 | 산미제 | | 동물추출물 |
| | 항응고제 | | 기타 |
| | 항산화제 | | 합제 |
| | 항곰팡이제 | 향미제 | 착향료 |
| | 합제 | | 감미료 |
| 효소제 | 당분해효소 | | 조미료 |
| | 지방분해효소 | | 합제 |
| | 인분해효소 | 미생물제 | 유익균 |
| | 단백질분해효소 | | 유익곰팡이 |
| | 합제 | | 유익효모 |
| 착색제 | 천연 | | 박테리오파지 |
| | 합성 | | 합제 |
| 기타 | 유화제, 아미노산제, 비타민제(프로비타민제 포함), 비단백태질소 화합물, 규산염제, 완충제, 올리고당, 혼합제 등 | | |

※ 농림축산식품부(2019.10.24.) 사료 등의 기준 및 규격, 보조사료의 범위[별표2]

• **배합사료 :** 단미사료·보조사료 등을 적정 비율로 배합 또는 가공한 사료

# 3. 반려동물 사료와 간식

반려동물 사료의 역사는 반려동물과 인간의 관계와 함께 발전해왔다. 반려동물 사료의 진화는 반려동물의 건강과 복지를 고려한 식품 개발을 반영하며, 시대에 따라 변화해 온 식습관과 기술 발전을 보여준다. 반려동물 사료의 주요 역사적 발전과정은 아래와 같다.

## 고대와 중세 시대

반려동물과 인간의 역사는 오래된 것으로, 고대와 중세 시대에도 반려동물에게 먹이를 제공하는 관습이 존재했다. 고대 이집트와 메소포타미아에서 개와 고양이와 같은 동물들은 인간의 생활에 깊숙이 자리 잡고 있었으며, 이들에게 대한 먹이는 주로 인간이 먹은 음식의 잔여물이나 간단한 원료로 이루어졌다. 이는 중세유럽에서도 마찬가지이며, 동물의 건강을 고려하기보다는 인간의 식사와 관련된 부산물로 제공되었고, 사료라는 개념은 거의 존재하지 않았다.

## 산업화와 상업적 사료의 출현

19세기 중반, 산업화가 진행되면서 반려동물 사료의 개념이 본격적으로 발전하기 시작했다. 1850년대 미국에서 James Spratt이 반려견을 위한 상업적 사료를 처음으로 개발하여 시장에 출시했다. James는 항구에서 떠나는 배에서 선원들이 던져준 건빵을 먹는 길거리 개들에게 착안하여 밀가루, 소고기, 채소 등을 혼합한 이 음식을 만들었으며, 이는 상업적 반려동물사료의 시작을 알리는 중요한 전환점이었다. 1880년대에는 여러 기업들이 등장하면서 반려동물 건강을 고려한 사료가 개발되었고 이러한 초기 사료들은 반려동물의 영양과 건강을 고려한 혁신적인 제품들로 사료 산업의 발전에 큰 기여를 했다.

## 20세기의 혁신과 발전

20세기에 들어서면서 사료산업은 큰 변화를 겪었다. 1930년대에는 드라이 사료가 상용화되었으며, 이는 반려동물 사료의 혁신적인 발전을 의미했다. 드라이 사료는 장기 보관이 용이하며, 반려동물의 치아 건강에도 도움이 되는 장점을 제공했다. 1950년대에는 습식 사료가 대중화되었으며, 고기 기반의 습식 사료는 반려동물의 식이요법에 변화를 주었다. 습식 사료는 반려동물의 수분 섭취를 돕고, 맛과 향에서 더 많은 유연성을 제공했다. 1970년대에는 성분 분석과 영양 균형을 중시하는 새로운 사료들이 등장했다. 이 시기에는 반려동물의 연령, 체중, 건강 상태에 맞춘 다양한 맞춤형 사료가 개발되었으며, 이는 반려동물의 개별적인 필요를 충족시키는 데 중점을 두었다.

## 건강과 웰빙 중심의 사료

이후 2000년대 초반에는 자연식과 유기농 사료가 유행하며 사료의 성분과 제조방법에 큰 영향을 미쳤으며, 2000년대 중반에는 고단백, 저탄수화물 사료 그리고 2010년대에는 반려동물의 특정 건강문제를 다루기 위한 사료들이 개발되었고, 2020년에는 지속 가능한 원료와 환경 친화적인 사료가 주목받고 있다.

이렇든 반려동물 사료는 인간과 반려동물 간의 관계변화, 기술 발전 등을 반영하여 지속적으로 진화해왔다. 이러한 발전과정에 대한 배경지식과 함께 대표적인 사료와 간식들의 특징들을 살펴보고, 발전방안을 모색해보자.

## 1) 건사료

건사료는 반려동물의 식단에 맞춰 수분함량이 낮고 건조된 형태로 제조되는 사료로, 일반적으로 알갱이나 크런치 형태로 제공된다.

• **제조방법**

① **원료 준비 :** 고기, 곡물, 채소 등의 다양한 원료를 준비한다.

② **혼합 :** 준비된 원료를 단백질, 지방, 탄수화물, 비타민 및 미네랄 등의 영양소가 균형을 이루도록 조절하여 정해진 비율로 혼합한다.

③ **압출 :** 혼합된 원료를 고온의 압출기(extruder)에 통과시켜 압출한다. 압출과정에서 원료는 고온·고압에 의해 성형되며, 수분이 증발하고 사료의 형태가 형성된다.

④ **건조 :** 압출된 사료는 건조기를 통해 수분을 제거한다.

⑤ **코팅 :** 사료의 외부에 영양소나 맛을 추가하기 위해 코팅을 한다.

⑥ **포장 :** 최종적으로 완성된 건사료는 신선도와 품질 유지를 위해 밀폐 포장하여 유통된다.

• **장점**

① **장기 보관 용이 :** 수분함량(10% 내외)이 낮아 부패가 적고, 장기간 보관이 가능해 저장과 유통에 있어 매우 유리하다.

② **치아 건강 도움 :** 건사료는 씹는 과정에서 반려동물의 치아 건강을 유지하는데 도움이 된다.

③ **편리한 급여 :** 보관과 취급이 용이하며, 식사량 조절이 간편하다.

④ **경제성 :** 일반적으로 습식 사료나 기타 사료보다 가격이 저렴한 편이다.

• **단점**

① **수분 부족 :** 건사료는 수분함량이 낮아, 반려동물이 충분한 수분을 섭취하지 않을 수 있다. 따라서 반려동물의 음수 섭취를 주의 깊게 관리해야 한다.

② **맛과 향 :** 건사료는 습식 사료에 비해 맛과 향이 덜할 수 있으며, 일부 반려동물은 기호성이 떨어질 수 있다.

③ **영양소 손실 :** 제조 과정에서 고온, 고압과 건조가 이루어지므로 일부 영양소가 손실될 수 있다. 따라서 영양 균형을 잘 맞춘 제품을 선택하는 것이 중요하다.

**오븐베이크 공법**

건사료를 제조하는 방법 중 하나로, 사료의 성분을 오븐에서 조리하여 제조하는 과정이다. 이 방법은 비교적 낮은 온도로 조리되기 때문에 영양소 손실이 적어 사료의 품질과 영양을 보존하면서 맛과 텍스처를 개선하는 데 초점을 맞추고 있다.

## 2) 습식사료

습식사료는 높은 수분함량(70% 이상)을 특징으로 하는 반려동물 사료로 일반적으로 캔, 파우치, 트레이 형태로 포장되어 판매되고 있다.

• **제조방법**

① **원료 준비 :** 고기, 곡물, 채소 등 다양한 원료를 준비한다.

② **혼합 :** 준비된 원료를 혼합하여 기본적인 사료 혼합물을 만든다. 이 단계에서는 다양한 영양소와 첨가제를 추가하여 균형 잡힌 영양 성분을 제공한다.

③ **조리 :** 혼합된 원료는 조리기에서 가열되어 조리한다. 원료는 고온에서 조리

되며, 수분이 포함된 형태로 유지된다.

④ **포장 :** 조리된 사료는 캔, 파우치, 또는 트레이 등에 담아 포장되며, 포장 과정에서 사료는 밀봉되어 신선도를 유지하며, 장기 보관이 가능하다.

⑤ **살균 :** 일부 습식 사료는 사료의 안전성을 높이고 부패를 방지하기 위해 열처리 또는 살균 과정을 통해 미생물이나 병원균을 제거한다.

• **장점**

① **수분 공급 :** 높은 수분함량으로 인해 반려동물이 충분한 수분을 섭취할 수 있으며, 이는 탈수 방지와 수분 보충에 도움이 된다.

② **맛과 향 :** 습식 사료는 맛과 향이 풍부하여 식욕을 자극해 많은 반려동물에게 인기가 높다.

③ **소화 용이 :** 부드러운 텍스처 덕분에 소화가 용이하며, 특히 나이가 많은 반려동물이나 치아가 약한 반려동물에게 적합하다.

④ **영양 가치 :** 높은 수분함량 덕분에 사료의 영양소가 더욱 잘 유지될 수 있으며, 다양한 영양소가 균형 잡히게 제공된다.

• **단점**

① **보관과 유통 :** 습식 사료는 높은 수분함량으로 인해 부패하기 쉽다. 개봉 후에는 냉장 보관이 필요하며, 개봉 후에는 빠르게 소비해야 한다.

② **비용 :** 일반적으로 습식 사료는 건사료에 비해 가격이 비쌀 수 있다.

③ **치아 건강 :** 습식 사료는 건사료에 비해 씹는 과정이 적어, 치아 건강 유지에 도움을 주기 어려울 수 있다. 치석이나 치아 문제에 주의해야 한다.

### 3) 동결건조사료

동결건조사료는 신선한 원재료를 급속 냉동한 후, 저온에서 수분을 제거하는 과정을 거쳐 만들어진다.

• **제조방법**

① **원료 준비 :** 신선한 고기, 내장, 뼈, 채소 등 다양한 재료를 준비한다.

② **동결 :** 준비된 원료는 급속 냉동 과정을 거친다. 이때 원료는 매우 낮은 온도에서 빠르게 얼어, 수분이 얼음 결정으로 변한다.

③ **진공 상태에서 건조 :** 냉동된 재료는 진공 상태로 유지되는 동결건조 장치에 넣어진다. 이 단계에서 승화 과정이 일어나는데, 얼음 결정이 액체 상태를 거치지 않고 바로 기체 상태로 변해 수분이 제거된다.

④ **포장 :** 수분이 완전히 제거된 동결건조 사료는 밀폐된 포장에 담겨 유통되며, 수분이 다시 들어가지 않도록 주의 깊게 관리된다.

• **장점**

① **영양소 보존 :** 동결건조 과정은 저온에서 이루어지므로, 원재료의 영양소가 거의 손실되지 않는다. 특히, 단백질, 비타민, 미네랄 등의 주요 영양소가 보존되어 반려동물에게 좋은 영양을 제공한다.

② **자연식에 가까운 식단 :** 동결건조 사료는 원재료의 본래 형태와 영양을 최대한 유지하여 자연식에 가까운 식단을 제공한다. 이는 반려동물에게 더 자연스러운 음식 섭취를 가능하게 한다.

③ **긴 보관 기간 :** 수분이 거의 없기 때문에 장기 보관이 가능하며, 사료가 부패할 가능성이 낮아 오랫동안 신선한 상태로 보관할 수 있다.

④ **기호성 :** 동결건조 사료는 맛과 향이 보존되기 때문에 대부분의 반려동물이

선호하는 기호성이 높다. 또한, 급여 전 물에 불려 줄 경우 더 풍부한 맛과 질감을 제공한다.

⑤ **가벼운 무게 :** 동결건조 과정에서 수분이 제거되어 가벼워지므로 휴대와 보관이 편리하다.

• **단점**

① **비용 :** 동결건조 공법은 복잡하고 시간이 많이 걸리는 과정이기 때문에, 일반적인 사료보다 가격이 높다.

② **수분 부족 :** 건조된 형태로 제공되기 때문에 사료 자체에 수분이 거의 없다. 따라서 급여할 때 물을 추가로 섞어주어야 하며, 반려동물이 충분한 수분을 섭취할 수 있도록 주의해야 한다.

③ **취급과 보관의 주의 :** 동결건조 사료는 수분을 흡수하기 쉬워 개봉 후에는 습기가 들어가지 않도록 밀폐 보관이 필요하다. 잘못 보관할 경우 사료가 눅눅해져 품질이 저하될 수 있다.

## 4) 간식

반려동물 간식은 반려동물에게 영양 보충, 보상, 훈련, 기호 충족 등을 목적으로 제공되는 음식으로, 간식은 반려동물의 기호에 맞게 다양한 형태와 맛으로 제공되며, 기능성이나 건강 관리에 초점을 맞춘 제품도 많이 있다.

• **간식의 종류**

① **건조간식 :** 수분을 제거한 상태로 제공되는 간식

예 육포, 뼈간식 등

② **동결건조간식 :** 동결 후 건조하여 영양소와 맛을 보존하는 간식

③ **습식간식 :** 수분이 많은 상태로 제공되는 간식

예 캔, 파우치, 츄르 등

④ **기능성간식 :** 특정 건강 문제를 관리하거나 예방하기 위해 만들어진 간식

예 치아관리간식, 피부 및 털 관리 간식, 소화 건강 간식, 관절 건강 간식 등

⑤ **천연간식 :** 인공색소, 방부제, 향료 등이 첨가되지 않은 자연 재료로 만든 간식

예 유기농간식, 무첨가 간식

⑥ **훈련용간식 :** 훈련 시 보상으로 사용되는 간식

⑦ **기능성 껌 :** 씹는 즐거움을 주면서 치아건강을 유지하는 데 도움을 주는 간식

예 치석제거용 껌, 장시간 씹을 수 있는 껌

⑧ **수제간식 :** 방부제, 인공첨가물 등을 넣지 않고 신선한 재료를 사용해 직접 손으로 만든 간식

## 4. 반려동물 식품시장의 규모와 현황

한국 반려동물 식품시장의 규모는 2023년 기준, dog food 1조 1760억 원, cat food 8054억 원으로 추정된다. 이는 2010년대 초반부터 현재까지 지속적으로 증가한 수치로, 반려동물 식품 시장은 매년 5~10%의 성장률을 기록하고 있다. 그 중 반려동물 사료는 전체 반려동물 산업에서 가장 큰 비중을 차지하고 있으며, 고양이와 개의 식품 수요가 대부분을 차지한다. 이러한 성장 배경에는 반려동물의 수가 급증하고, 이들을 돌보는 방식이 더욱 세심해지고 있다는 사회적 변화가 큰 영향을 미쳤다. 특히, 반려동물을 단순한 애완동물이 아닌 가족의 일원으로 여기는 인식이 확산되면서, 건강한 식생활을 제공하기 위한 프리미엄 푸드에 대한 수요도 크게 늘

었다. 이에 따라 반려동물 식품시장은 지속적으로 성장할 것이라는 전망이 나온다. 이는 반려동물 식품시장이 단순한 제품 판매를 넘어 건강 관리와 기능성을 강조한 새로운 방향으로 나아가고 있음을 보여준다.

## 한국 반려동물식품 시장의 주요 트렌드

① **프리미엄에 대한 수요 증가 :** 프리미엄 푸드에 대한 수요는 급속히 증가하고 있다. 소비자들은 반려동물의 건강과 웰빙을 중요하게 생각하며, 저가의 일반 사료보다 유기농, 무첨가, 천연 원료를 사용한 고급 제품을 선호하는 경향을 보이고 있으며, 특히 반려동물의 알레르기, 비만, 소화 문제와 같은 특정 건강 상태를 해결하는 데 중점을 둔 기능성 반려동물 식품이 인기를 끌고 있다.

② **맞춤형 반려동물 식품의 성장 :** 반려동물의 나이, 품종, 건강 상태에 맞춘 맞춤형 사료에 대한 관심도 높아지고 있다. 예를 들어, 어린 반려견이나 고령 반려동물, 비만이 있는 반려동물을 위해 특화된 영양소가 포함된 제품들이 출시되고 있으며, 개별 동물의 요구를 충족시킬 수 있는 맞춤형 사료 서비스가 등장하고 있다.

③ **온라인 시장의 확대 :** 온라인 플랫폼을 통해 반려동물 식품을 구매하는 소비자들이 늘어나고 있으며, 정기 구독 서비스를 통해 제품을 손쉽게 받아볼 수 있는 편리한 서비스가 인기를 끌고 있다. COVID-19 팬데믹 이후 비대면 소비가 일상화되면서 이러한 온라인 판매는 더욱 가속화되었고, 소비자들은 온라인을 통해 다양한 제품을 쉽게 비교하고 합리적인 가격으로 구매할 수 있어 이 시장은 더욱 성장하고 있다.

④ **수제 간식 및 홈메이드 제품의 인기 :** 상업적으로 생산된 제품 외에도, 반려동물에게 신선하고 안전한 재료를 제공하려는 보호자들이 관심이 증가함에 따라 수제 간식과 같은 홈메이드 제품에 대한 관심이 증가하고 있다.

⑤ **친환경 및 지속 가능한 제품 :** 환경 문제에 대한 관심이 커지면서, 반려동물 식품에도 친환경적 요소가 강조되고 있다. 지속 가능한 재료를 사용하거나, 환경에 미치는 영향을 최소화한 포장재를 사용하는 반려동물 식품 제품들이 인기를 얻고 있다.

## Chapter 2

# **주요 영양소**와 올바른 **급여 방법**

반려동물의 건강과 행복을 위해서는 사람과 마찬가지로 균형 잡힌 영양소 공급이 매우 중요하다. 영양소가 부족하거나 과잉되면 반려동물의 건강에 문제가 생길 수 있기 때문에 그들의 필수영양소를 이해하고 올바르게 급여하는 것이 필수적이다. 고로 필수영양소와 사람과 다른 반려동물의 영양학적 특성에 대해 지식을 습득한다면 반려견, 반려묘를 위한 전문적이고 체계적인 급여가 가능하다.

## 1. 단백질

단백질은 주요 에너지 공급원으로 반려동물의 근육, 조직, 효소, 호르몬을 형성하는 데 매우 중요한 영양소이다. 이는 20여 가지의 아미노산으로 이루어져 있고 음식을 통해 섭취해야 하는 필수아미노산은 개의 경우 10가지(발린, 류신, 아이소류신, 메티오닌, 트레오닌, 라이신, 페닐알라닌, 트립토판, 히스티딘, 아르기닌)가 있고, 고양이는 11가지의 필수아미노산(개의 10가지 + 타우린)이 있다. 단백질은 주로 고기, 생선, 달걀 등의 동물성 단백질이 식물성 단백질 보다 단백가가 높으니 동물성 단백질을 통해 공급받는 것이 이상적이며 반려동물의 성장기 동안에는 더 많은 단백질이 필요하며, 성견이나 성묘 역시 근육 유지와 면역 기능을 위해 적정량의 단백질 섭취가 필수적이다. AAFCO 기준 건강한 성견의 최소 단백질 권장량은 18%, 성묘의 최소 단백질 권장량은 26%이다.

## 2. 지방

지방은 중요한 에너지원 중 하나로 체내에서 에너지를 저장하는 역할을 하며, 체온유지, 피부 및 털 건강을 돕는 역할, 지용성 비타민의 흡수, 면역기능 등에 관여한다. 개와 고양이의 경우 오메가3인 알파리놀렌산과 오메가6인 리놀레산을 음식으로 섭취해야 하며, 고양이는 다른 동물들과 달리 체내에서 아라키돈산을 합성하지 못하므로, 음식을 통해 섭취해줘야 한다. AAFCO 기준 일반적인 성견의 경우 최소 지방 권장량은 5.5%, 성묘의 경우 9%이다.

## 3. 탄수화물

탄수화물은 '당질'과 '식이섬유'로 구분된다. 반려동물에게 에너지를 제공하는 중요한 영양소로, 뇌와 신경에 포도당을 공급해주며 체내 흡수된 단백질과 지방이 더 효율적으로 활용될 수 있도록 도움을 준다. 쌀, 감자, 고구마 등의 식품에서 탄수화물을 얻을 수 있으며 소화기 건강을 돕는 식이섬유 역시 중요한 역할을 한다. 사료 속에서는 탄수화물 함량을 따로 표기하지 않기 때문에 '100−(조단백+조지방+조회분+조섬유+수분)%'로 값을 구할 수 있으며, 이를 가용무질소물이라고 한다. 사료에 표기된 '조섬유'를 식이섬유로 '가용무질소물'을 당질로 이해하면 된다.

# 4. 비타민

비타민은 반려동물의 면역체계와 신진대사를 유지하는 데 필수적인 영양소이다. 지방과 함께 흡수되며, 체내 지방조직과 간에 저장되는 지용성 비타민(A, D, E, K)와 물에 용해되어 체내에 저장되지 않으며 과잉 섭취 시 소변으로 배출되는 수용성비타민(B군, C)이 있다. 지용성 비타민은 열에 강해 조리과정에서 변형 및 손실이 덜 되며, 수용성비타민은 열에 약해 생채로 먹거나 살짝 데쳐서 급여한다. 사람에게는 비타민 C가 필수비타민이지만 개는 간에서 비타민 C를 합성할 수 있으므로 필수비타민이 아니다.

# 5. 미네랄(무기질)

미네랄은 반려동물의 뼈와 치아를 형성하고 신경과 근육 기능 조절, 혈액 순환 기능 조절 등 신체 대사를 유지하며 항산화, 호르몬, 효소 등에 다양한 역할을 한다. 칼슘, 칼륨, 나트륨, 인, 염소, 황, 마그네슘의 다량미네랄과 철, 불소, 아연, 구리, 요오드, 셀레늄, 망간, 코발트, 몰리브덴, 염소, 크롬 등의 소량미네랄로 나뉜다.

# 6. 수분

몸의 70~80%를 차지하고 있어 반려동물에게 있어 가장 중요한 영양소다. 물은 체내에서 영양소 운반, 노폐물 배출, 체온 조절 등 다양한 기능을 수행하며 반려동물의 건강을 유지하는 데 필수적이다. 반려동물의 체내에 수분이 부족하면 탈수, 소화문제, 신장질환 등이 발생할 수 있기에 항상 신선하고 깨끗한 물을 제공해야 하며, 특히 더운 날씨나 활동량이 많은 경우에는 더욱 자주 물을 보충해 주어야 한다. 하루에 필요한 물의 양은 체중 × 50~60mL 정도이다.

# 7. 하루 칼로리 요구량 계산

반려견과 반려묘의 하루 필요 칼로리는 여러 가지 요소를 고려하여 계산할 수 있다. 이 요소들에는 나이, 체중, 활동 수준, 생리적 상태(임신, 수유 등) 등이 포함되며, 하루 필요한 칼로리는 '기초 에너지 요구량(RER)'을 바탕으로 '하루 에너지 요구량(DER)'을 계산하여 적용하는 방식이 많이 사용된다.

- **기초 에너지 요구량(RER)** : 적정 온도의 환경에서 정상적으로 생활하며, 체온유지, 혈액 순환, 호흡, 등과 같이 기초적인 생명활동을 위한 칼로리

**[체중에 근거]**

RER = 30 × (체중 kg) + 70
(단, 체중이 2~45kg 범위일 때 적용 가능)

**[체표면적에 근거]**

RER = 70 × $(체중\ kg)^{0.75}$

- **하루 에너지 요구량(DER) :** 정상적인 동물이 하루에 일상적인 활동이나 운동을 할 때 소비되는 에너지 요구량

DER(kcal/day) = RER(kcal/day) × 활동지수

| 활동지수 | 개 | 고양이 |
|---|---|---|
| 4개월 이하 | 3 | 2.5 |
| 4 ~ 12개월 | 2 | 2.5 |
| 중성화한 성체 | 1.6 | 1.2 |
| 중성화하지 않은 성체 | 1.8 | 1.4 |
| 체중감량 | 1 | 0.8 |

# 8. 올바른 반려동물 식품 급여 및 보관방법

책에서 소개하는 메뉴들을 건강하고 효과적으로 먹일 수 있는 급여방법에 대해 설명해보고자 한다. 키우고 있는 반려견, 반려묘의 건강 상태와 식습관, 성향 등을

고려하여 아래 가이드에 따라 급여해보자.

① **정확한 급여량 결정 :** 체중과 활동 수준에 따라 반려동물의 하루 필요 칼로리를 계산하여 사료의 급여량을 조절하고, 과도한 칼로리 섭취를 방지하기 위해 간식은 하루 급여량의 10% 이내로 급여한다.

② **먹는 성향에 따라 목에 걸리지 않도록 크기 조절 :** 개와 고양이는 사람처럼 많이 씹지 않고 삼키는 경향이 있다. 그러니 소형견이나 고양이 그리고 식탐이 많아 빨리 삼키는 친구들은 음식을 잘게 잘라서 급여하는 게 좋고, 뼈 간식 급여를 지양한다.

③ **반드시 한 김 식힌 후 급여 :** 너무 뜨거운 음식은 반려견과 반려묘 잇몸에 치명적이므로 한 김 식힌 후 급여하는 게 좋고, 체온정도의 온도로 급여하면 기호도 높게 급여할 수 있다.

④ **처음부터 많이 급여하지 않기 :** 평소 화식이나 수제 간식 등을 접하지 않은 반려동물은 향과 맛에 취해 과식을 할 수 있고, 위장에서는 낯선 음식이 갑자기 들어와 부담이 될 수 있다. 처음 급여하는 경우 소량 급여 후 조금씩 양을 늘려 급여하는 게 좋다.

⑤ **수제 푸드의 경우, 냉장 3일 냉동 2개월까지 보관 :** 자연식이나 수제간식의 경우 방부제가 들어가지 않고, 수분함량이 높아 유통기한이 짧다. 보관 전 마스킹테이프로 날짜를 메모해 보관하고 냉동한 푸드는 하루 전날 냉장 해동한 후 급여하거나 전자레인지에 30초~1분가량 돌려서 해동한 후 급여하는 게 좋다.

# Chapter 3
# 식재료의 이해

반려동물에게 사용할 수 있는 식재료와 사용할 수 없는 식재료들의 특징들을 소개한다. 반려동물의 건강 상태, 질병 유무, 기호성에 따라 재료를 조절해서 사용한다.

# 1. 육류

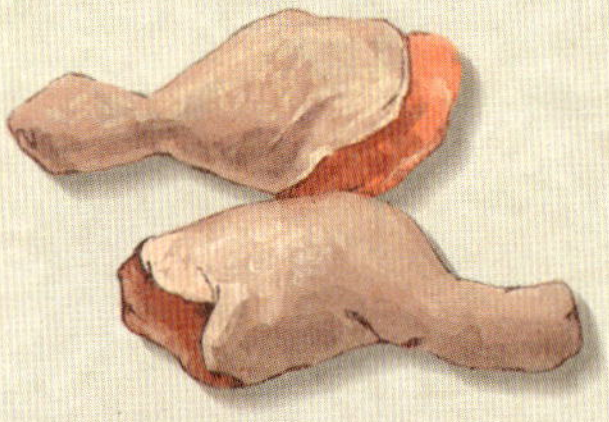

### 닭고기

닭고기는 닭가슴살과 안심을 사용하며, 고단백 저지방식품으로 근육발달을 돕고, 조직의 재생과 회복을 지원하며 체중관리에도 적합하다. 또한 다양한 비타민과 미네랄을 초하하고 있어 반려견의 체내 대사를 촉진한다. 특히 닭고기에는 비타민 B군이 풍부하게 포함되어 있는데 그 중에서도 비타민 $B_6$는 에너지 대사와 신경계 기능에 중요한 역할을 한다.

※ 주의사항 : 껍질은 소화가 어렵고 비만과 췌장염을 유발할 수 있기 때문에 제거한다.

### 오리고기

오리고기는 불포화지방산이 풍부해 반려견의 피부 건강과 털의 윤기를 유지하는 데 도움을 주며, 고단백 식품으로 반려견의 근육 발달과 조직 재생에 좋다. 또한 비타민 B군과 아연, 철이 풍부하여 면역력을 강화하고 혈액 순환을 개선하는 데 도움을 준다. 하지만 닭고기보다는 지방함량이 높아 지방이 적은 안심을 사용하거나 급여량을 조절해야 한다.

### 소고기

소고기는 필수아미노산이 함유하고 있고, 단백질과 철분이 많아 성장기나 체력강화가 필요한 반려동물에게 좋은 육류이다. 다만 지방함량이 많아 과식하면 췌장염 등의 장 질환이 있을 수 있으니 급여량을 주의해야 하고, 지방이 거의 없는 홍두깨살이나 사태 부위를 사용하는 것이 좋다.

## 소간

소간은 비타민 A가 풍부해 시력과 피부 건강을 튼튼하게 해주고, 철분이 많아 빈혈 예방 및 혈액 건강 유지에 도움이 된다. 다만 너무 과하게 급여하여 비타민 A가 과도하게 축적될 경우 관절통증, 뼈문제, 근육 약화 등의 증상을 일으키는 비타민 A 중독을 유발할 수 있다. 일주일에 몇 차례 소량으로 제공하는 게 건강에 유익하다.

## 말

말은 저지방, 고단백으로 콜레스테롤 함량이 낮아 다이어트에도 도움이 되고, 골다공증과 관절 건강에도 좋다. 면역력이 저하되었거나 기력 회복이 필요한 반려견에게 추천되는 식재료로 소고기와 비교하면 철분과 마그네슘이 높다는 특징이 있다. 반려동물 식품에서 말고기는 채끝, 설도, 안심, 사태 부위를 사용한다.

## 돼지

돼지고기는 필수아미노산 중 하나인 트레오닌과 비타민 $B_1$ 등이 풍부하고, 고단백의 영양을 제공해 근육발달, 면역력 강화, 피부 건강개선 등에 도움이 된다. 하지만 기생충 감염을 방지하기 위해 반드시 익혀서 급여해야 하며, 지방함량이 높은 부위를 피해 안심, 등심, 뒷다릿살을 사용한다.

## 캥거루

캥거루 고기는 저지방 고단백 식품으로 콘드로이틴이 풍부해 근육발달과 체중관리에 유익한 식재료이다. 철분과 아연이 풍부하고 오메가3지방산이 함유되어 반려견의 피부 건강과 털 상태 개선에 도움을 준다.

# 2. 어류

## 연어

연어는 고품질의 단백질과 필수지방산이 오메가3가 풍부하여 피부 및 털 건강, 관절건강, 심장 및 두뇌 발달에 도움이 되는 식재료이다. 기생충이 있을 수 있으므로 익혀서 급여하는 게 좋고, 비늘과 가시를 제거하고 사용한다.

## 열빙어

열빙어는 낮은 칼로리와 높은 단백질을 가지고 있어 체중관리 중인 반려동물에게 좋으며, 비타민 D, 비타민 $B_{12}$, 셀레늄 등의 영양소를 포함하고 있어 반려견의 면역력 강화에 도움이 된다. 또한 뼈째로 급여가 가능하며 소화가 잘 되는 식재료라 위장에 부담을 주지 않는다.

## 참치

참치는 EPA, DHA를 많이 함유하고 있어 뇌기능 향상과 동맥경화를 예방하는 데 도움이 된다. 만약 통조림 참치를 사용한다면 끓는 물에 데친 후 염분을 제거해 사용해야 한다.

## 황태

황태는 고단백, 저지방 식품으로써 비타민 A가 함유되어 있어 시력보호에 좋고 피로 회복과 기력 회복에 좋다. 황태 급여 시에도 염분과 가시를 꼭 제거하고 사용해야 한다.

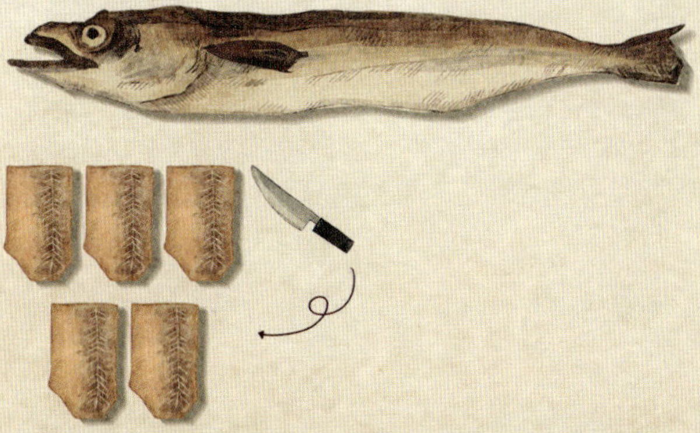

# 3. 곡류 & 콩류

### 귀리

귀리는 상대적으로 높은 단백질 함량과 식이섬유가 풍부해 변비가 있는 반려동물에게 좋으며, 항산화 물질을 포함해 심혈관과 노화 관련 질병을 예방하는 데 기여한다. 저혈당지수를 가진 식품으로 당뇨병이 있는 반려견에게 유익할 수 있으며 식사 후 혈당 급증을 방지하는 데 도움을 준다.

### 흑미

흑미는 비타민 E, 칼슘, 아미노산이 함유되어 있고 안토시아닌이 풍부해 강력한 항산화 작용을 하며, 안구 건강에 도움을 준다. 소화가 매우 더디게 이루어지므로 조리 형태와 가열에 주의가 필요하다.

### 통밀

통밀은 고섬유질로 소화 건강과 체중 조절에 도움을 주며, 배아가 붙어 있어 일반 밀에 비해 영양소가 많다. 완전히 익혀서 급여하는 게 좋다.

### 퀴노아

퀴노아는 식물성 단백질이 많아 반려견의 근육 발달과 조직 재생에 도움이 되고, 항산화 기능이 있어 심장 건강을 증진시킨다. 다만 옥살산 함량이 높으니 주의해서 급여한다.

### 두부

두부는 고단백 식품으로 반려견의 근육발달과 유지에도 도움을 주며, 부드러워서 어린 반려견부터 노령 반려견까지 사용할 수 있는 식재료이다. 수분이 풍부해 포만감이 들고 비

타민과 미네랄이 풍부해 전반적인 건강과 뼈, 치아 건강에 도움이 된다. 염분을 꼭 제거하고 사용해야 한다.

## 4. 채소 & 과일

### 당근

당근 속 비타민 A와 비타민 A 전구체인 베타카로틴은 시력 건강에 효과가 좋고, 항산화와 면역력 향상에도 효과가 있다. 식이섬유가 풍부해 소화에도 도움이 되지만 비타민 A는 과다복용 시 부작용이 나타날 수 있어 제한된 용량 내에서 주는 것이 중요하다.

### 브로콜리

브로콜리는 칼로리가 낮고 비타민 C와 K, 미네랄이 풍부해 면역력 강화에 도움이 된다. 항산화 성분이 세포 손상을 방지한다. 송이보다 줄기가 더 영양가가 높지만 반려견은 줄기 소화가 힘들 수 있어 송이 부분을 주는 게 좋으며 송이 부분은 살짝 데쳐야 영양 성분이 파괴되지 않는다.

### 파프리카

파프리카는 칼로리가 낮고 비타민 A와 C가 풍부해 항산화 피모 건강에 좋다. 수분이 풍부해 포만감도 쉽게 느끼며 가열 시 단맛이 더 올라간다. 씨와 줄기는 소화가 어려우니 제거 후 사용한다.

### 가지

가지는 칼로리가 낮아 비만에 좋으며 수분이 풍부해 음수량을 높이는 데 좋다. 무기질 성

분이 상대적으로 낮아 다른 재료에 비해 미네랄 과다 부작용이 없으나, 완전히 익혀주지 않으면 독성 때문에 위험할 수 있어서 꼭 익혀서 사용한다.

### 고구마

고구마는 단맛이 강해 반려견이 좋아하며, 비타민 C와 E가 많고 풍부한 식이섬유 공급원이어서 장 기능 촉진과 변비 예방에 좋다. 다만 비타민 $B_3$가 지방의 활성을 돕기 때문에 비만인 반려견에게는 큰 도움이 되지 않는다. 줄기는 제거하고 사용한다.

### 비트

비트는 노폐물이 제거하고 혈관을 튼튼하게 해서 혈관 건강에 도움이 된다. 또한 철분이 풍부해 빈혈에도 좋으며 지방이 적고 수분함량이 높아 수분 보충이나 다이어트에 좋다.

### 시금치

시금치는 칼슘과 철분이 풍부하고 수분함량이 높아 수분 보충에도 도움이 된다. 특히 철분이 많아 혈액 생성과 빈혈에도 좋다. 너무 많이 급여 시 결석이나 칼슘 과다로 인한 부작용이 있을 수 있고 수산 함량이 높은 편이라 장기간 급여 시 몸에 쌓이고 다른 미네랄의 흡수를 방해하기도 한다. 따라서 생으로 급여하지 않고 물에 한 번 데쳐서 급여하고, 급여량을 조절한다.

### 청경채

청경채는 비타민 C, E, 베타카로틴 등 항산화 물질이 풍부하고, 칼슘과 비타민 K가 많아 뼈를 튼튼하게 하고 골다공증 예방에 도움을 준다.

### 토마토

토마토는 축적된 중금속을 체외로 배출하는 데 도움을 주고, 식욕을 증진하는 효과가 있다. 지용성이라 지방이 있는 육류와 함께 섭취하면 흡수율이 더 올라간다. 다만, 덜 익은 토마토는 솔라닌이 있으므로 잘 익은 것을 급여하고, 토마토 꽃과 줄기 섭취 시 중독 현상이 나타날 수 있으니 제거하고 사용한다.

### 단호박

단호박은 비타민과 미네랄, 섬유질이 풍부하고 베타카로틴이 풍부해 눈 건강에 좋다. 부종을 진정시키는 효과가 있으며, 사용 시 껍질과 씨는 제거하고 익혀서 사용한다.

### 사과

사과는 비타민과 효소, 유기산, 미네랄이 균형 있게 함유되어 있고, 혈중 콜레스테롤 수치를 낮추는 기능을 한다. 구연산을 함유해 반려견의 피로 해소에도 도움이 되니 씨앗과 심지를 제거한 후 급여한다

### 블루베리

블루베리는 안토시아닌이 풍부해 눈 건강에 좋으며, 항산화 효과가 뛰어나 암과 심장질환, 노화 예방에도 좋다. 다만, 지나치게 과잉 섭취 시 위산이 과다 분비될 수 있으니 급여량을 조절한다.

### 바나나

바나나는 탄수화물과 식이섬유가 풍부해 소화가 잘 되고, 단맛이 강해 반려견이 좋아하는 과일이다. 또한, 치아와 뼈 건강에 도움이 되는 마그네슘이 풍부하다.

### 딸기

딸기는 비타민 C가 다량 함유되어 있어 피부미용, 감기예방에 좋으며 철분이 많아 빈혈에 좋다. 대부분의 반려견이 좋아하지만 급여 시 꼭 꼭지를 제거하

고 급여하며, 과잉 섭취 시 고칼륨혈증에 의한 부정맥 등의 부작용이 올 수 있으니 소량만 급여한다.

## 5. 해조류 & 버섯

### 미역

미역은 노폐물을 제거하는 효과가 있고 미역 속의 알긴산은 소화를 돕고 염증을 가라앉힌다. 다만, 너무 많이 급여하면 요오드 등 미네랄을 과다 섭취하게 될 수 있으니 사용량을 조절하고 급여 전 꼭 염분을 제거한다.

### 홍합

홍합은 혈액생성과 순환을 도와 빈혈예방에 도움이 된다. 단백질 외에도 오메가-3와 비타민이 풍부하다. 어패류이므로 반드시 익혀서 사용해야 하며, 껍질과 염분은 잘 제거해서 사용한다.

### 새송이버섯

새송이버섯은 면역력 강화와 항산화 작용에 도움을 주고, 트레할로스 성분을 함유해 뼈 건강에도 도움이 된다. 생으로 주기보다는 잘 익혀서 소량으로 급여하는 것이 좋다.

### 표고버섯

표고버섯은 반려견의 면역력 강화, 콜레스테롤 감소에도 도움이 되며, 베타글루칸 같은 성분이 체내 염증을 줄이고 건강을 증진시킨다. 다만 다른 버섯에 비해 칼로리가 높으니 잘 익혀서 소량으로 급여하는 것이 좋다.

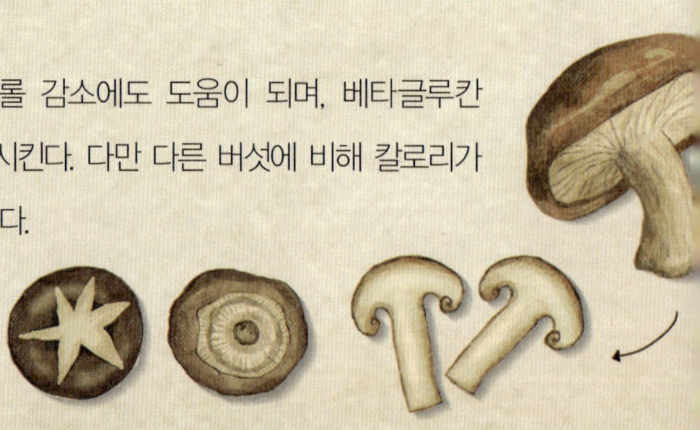

## 6. 그 외 급여 가능한 식재료

### 달걀

달걀은 단백질, 비타민 A, B, D, E, 그리고 필수아미노산을 제공하여 근육 발달과 면역력 강화에 도움이 된다. 또한, 달걀노른자는 오메가-3 지방산을 함유해 피부와 털 건강에 이롭다. 다만, 날달걀은 소화 문제나 살모넬라 감염 위험이 있으니 익혀서 주는 것이 안전하다.

### 메추리 알

메추리 알은 고단백 식품으로 근육발달과 세포재생에 도움을 주고, 비타민 A, $B_2$, 철분이 풍부해 면역력 강화와 피로회복에 좋다. 완전히 익히면 식감이 부드러워 반려견이 좋아한다.

## 7. 급여하지 못하는 식재료

### 초콜릿

카페인과 테오브로민의 함량에 따라 초콜릿 중독이 될 수 있고, 소량만 급여해도 신경증상, 과도한 심박수, 심장 손상을 일으킬 수 있다.

### 포도

포도는 적혈구를 파괴할 수 있고, 급성 신부전을 일으켜 사망에 이르게 한다. 다만 과육, 씨, 껍질 중 어느 부분이 원인인지 아직 밝혀지지 않았으니 주의하며 포도씨유도 사용하지 않는다.

## 날달걀

날달걀의 흰자만 먹으면 흰자 속 아비딘이 비오틴의 결핍을 초래하고 적혈구를 파괴해 모질 손상이나 성장부진 등을 일으킬 수 있다. 충분히 가열한 달걀은 반려동물에게 급여가 가능하니 충분히 익혀서 급여한다.

## 자일리톨

자일리톨은 감미료로 껌, 아이스크림, 다이어트 음식 등에 많이 함유되어 있다. 급여시 췌장이 자극을 받아 다량의 인슐린이 분비되고 저혈당을 불러와 쇼크사에 이를 수 있다.

## 양파와 파

이황화알릴 프로필이라는 성분이 적혈구를 파괴하고 산화시켜 빈혈을 유발한다.

## 게, 새우

갑각류의 껍질에는 뼈에 좋은 영양소가 많지만 평소 소화를 잘 못 시키는 반려견에게는 소화기에 부담이 될 수 있으니 주의해야 한다.

## 잘못 가공된 동물의 뼈

익히지 않은 생뼈나 삶은 뼈는 소화기에 문제를 일으킬 수 있고 구강에 상처를 입힐 수 있으니 안전하게 가공된 뼈를 급여해야 한다.

## 알코올류

알코올을 분해하는 능력이 낮아 알코올을 급여하면 호흡곤란, 구토 등을 유발할 수 있다.

# Chapter 4
# 반려동물 **식품 제조**를 위한 **조리도구**

## 식품건조기

자연 건조시 건조과정 중 오염, 부패가 될 수 있기 때문에 식품건조기를 사용하는 것이 좋다. 위로 쌓아서 건조하는 방식은 많이 쌓을수록 위쪽은 잘 건조되지 않기 때문에 중간중간 위치를 바꿔주어야 하는 불편함이 있으니 뒤에서 열이 고르게 나오는 오븐형 건조기가 편리하다.

출처 : https://brand.naver.com/lequip/products/10467733959?n_media=684925&n_query

## 찜기

찜기를 사용하여 조리하면 칼로리를 낮추고 부드러운 식감을 얻을 수 있다.

## 오븐

오븐은 튀겨야 하는 조리법이나 식재료 자체에 기름이 많은 음식을 조리하면 열량과 지방을 낮추고 담백하게 만들 수 있다. 오븐이 없다면 찜기나 에어프라이어를 사용해 조리할 수 있다.

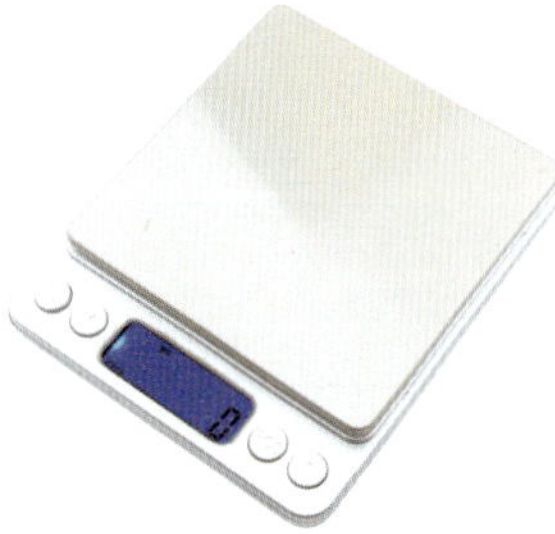

## 전자저울

전자저울은 다양한 식재료를 정확히 계량하기 위해 반드시 필요하며, 1g 단위로 계량되는 전자저울을 준비하는 것이 좋다.

## 짤주머니

짤주머니는 크림이나 반죽을 넣고 짜는 주머니로 구매할 때는 위생적인 일회용 짤주머니를 사용한다. 사이즈는 12~14인치 정도로 구매하면 된다.

## 핸드휘핑기

핸드휘핑기는 세게 저어서 거품을 내는 거품기로 머랭을 올릴 때, 주로 사용한다. 베이킹을 하지 않으면 자주 사용하지 않아 3~5만 원대 저렴한 것으로 구매해도 좋다.

## 타이머

타이머를 활용하면 너무 많이 익는 것을 피할 수 있고, 타이머를 맞춰둔 후 동시에 다른 일을 할 수 있어 효율적이다.

# Chpeter 5
# 반려동물을 위한 **자연식 레시피**

# 건조간식

- 닭가슴살 져키
- 오리 안심 져키
- 황태 오리말이
- 소간 져키
- 돼지코
- 캥거루 꼬리
- 고구마 치즈볼
- 연어 초밥
- 꼬꼬시리얼
- 열빙어 오리말이
- 닭발
- 소고기 야채칩
- 오리목뼈
- 소떡심 떡갈비
- 우유껌

## 화식

- 주먹밥
- 테린
- 토마토 파스타
- 단호박 야채찜
- 어묵
- 카레
- 멍도그
- 츄르
- 송편
- 가자미스튜

## 베이커리

- 칙촉
- 월병
- 마들렌
- 호떡
- 단호박 꼬꼬머핀
- 말 야채타르트
- 몽블랑
- 톰과 제리 치즈케이크
- 과일 크림 머핀
- 과일 큐브 케이크

# 건조간식

### 영양정보

닭은 지방이 적은 닭가슴살이나 안심 부위를 사용하는 게 좋습니다. 그 중 닭가슴살은 고품질의 단백질을 제공하여 반려견의 전반적인 건강, 체력, 그리고 면역체계를 지원하는 데 도움을 줄 수 있고, 지방함량이 낮아 비만 예방에도 도움이 됩니다.

### 신선도 Check

- **색깔 :** 신선한 닭가슴살은 핑크색을 띠며, 색이 균일해야 합니다.
- **냄새 :** 신선한 닭고기는 거의 무취이거나 약간의 냄새가 나는 정도입니다. 불쾌하거나 비린 냄새가 나는 닭가슴살은 피해야 합니다.
- 두께가 도톰하고 탄력성이 있는 것이 신선한 닭가슴살입니다.

# 닭가슴살 져키

난이도 ☆☆☆☆★ 소요시간 11시간 급여대상 개, 고양이

### 재료

닭가슴살 500g
파슬리가루
식초 3T

### 레시피

1 닭가슴살은 냉장 해동 후, 지방과 막을 제거한다.
2 손질된 닭가슴살은 세척 후 물에 담가 식초를 넣고 2~30분 소독해준다.
3 세척 후 원하는 크기로 잘라 건조 트레이에 올려준다.
4 파슬리를 뿌린 후, 건조기 60도에서 10시간 건조해준다.

### 필요도구

볼
칼
도마
건조기

### 쿠킹 Tip

1 파슬리가루는 비타민이 풍부하고 항산화 성분이 있어 노화방지 효과가 있습니다. 또한, 구취를 중화하는 데 도움을 줄 수 있어 강아지의 입 냄새를 개선하는 데 도움이 됩니다. 파슬리 외에 다양한 파우더를 응용해서 사용해보세요.
2 닭가슴살 외에 닭 안심으로도 져키를 만들 수 있어요!

**영양정보**

오리 안심은 고단백 식품으로 근육성장과 유지에 필요한 아미노산을 풍부하게 제공하며, 오메가3 및 오메가6지방산이 포함되어 있어 피부와 털 건강을 개선하는 데 기여합니다. 또한 일반적으로 닭고기보다 약간 높은 칼로리를 제공하지만 지방함량이 상대적으로 낮아 강아지의 에너지 요구를 충족시키는 동시에 비만 예방에도 도움을 줄 수 있습니다.

# 오리 안심 져키

난이도 ☆☆☆☆★ 소요시간 30 11시간 급여대상 개, 고양이

**재료**

오리 안심 500g
파슬리가루
식초 3T

**레시피**

1 오리 안심은 냉장해동 후, 지방과 막을 제거한다.
(노견의 경우, 힘줄도 가위로 제거해준다.)

2 손질된 오리 안심은 세척 후 물에 담가 식초를 넣고 20~30분 소독해준다.

3 세척 후 원하는 크기로 잘라 건조 트레이에 올려준다.

4 파슬리를 뿌린 후, 건조기 60도에서 10시간 건조해준다.

**필요도구**

볼
가위
건조기

**쿠킹 Tip**

- 오리 안심 외에 오리 가슴살 부위도 사용 가능하나 가슴살에는 근육조직이 더 밀집되어 있어 부드럽고 연한 안심에 비해서는 질긴 편입니다.

**영양정보**

황태(건조한 명태)는 저지방 고단백 식품으로 소화가 잘되어 소화능력이 떨어진 반려동물에게도 쉽게 급여할 수 있습니다. 또한 비타민과 미네랄, 오메가3지방산이 많아 피부와 털 건강을 개선하고 염증을 줄이는 데 도움을 줄 수 있습니다.

# 황태 오리말이

난이도 ☆☆☆★★ 소요시간 13시간 급여대상 개, 고양이

**재료**

오리 안심 300g
황태포 200g
식초 3T

**레시피**

1 오리 안심은 냉장해동 후, 지방과 막을 제거한다.
2 손질된 닭가슴살은 세척 후 물에 담가 식초를 넣고 2~30분 소독해준다.
3 황태는 염분을 제거하기 위해 12시간 이상 물에 담가준다. (수시로 물 갈아주기)
4 황태의 가시 부분은 손으로 다 제거해준다.
5 손질된 오리 안심을 힘줄 부분이 안으로 가도록 황태에 말아준다.
6 건조기 60도에서 12시간 건조해준다.

**쿠킹 Tip**

- 반려동물은 나트륨 필요량이 사람에 비해 현저히 낮은 편이므로 염분을 제거 후 식재료를 사용해 줍니다.
- 염분 제거방법

① 12시간 이상 물에 담가준다.
② 끓는 물에 데쳐준다.

**필요도구**

볼
가위
건조기

**영양정보**

소간은 비타민 A가 풍부해 시력, 면역기능, 피부건강에 도움을 줄 수 있으며, 철분이 풍부해 혈액 생성과 빈혈 예방에도 도움이 됩니다.

**소간 급여 시 주의사항**

① 소간은 영양가가 매우 높아 과다 섭취 시 비타민 A 과잉이나 철분 과잉을 초래할 수 있습니다. 따라서 적당량만 주는 것이 중요하며, 일반적인 반려견에게는 주 1~2회 정도가 적당합니다.
② 소간은 생으로 주는 것보다는 잘 조리해서 주는 것이 좋습니다. 생 소간은 세균감염 위험이 있어 건조시키거나 가열을 해서 급여해주세요.

# 소간 져키

난이도 ☆☆☆★★ 소요시간 13시간 급여대상 개, 고양이

### 재료

소간 500g
파슬리

### 레시피

1 소간은 막과 지방을 칼로 제거하고 원하는 크기에 맞게 잘라준다.
2 자른 소간은 흐르는 물에 3~4번 헹궈 핏기를 제거해준다.
3 물기를 뺀 후, 건조트레이에 놓고 파슬리를 뿌려준다.
4 건조기 60도에서 12시간 이상 건조해준다.

### 필요도구

볼
칼
도마
건조기

### 쿠킹 Tip

- 소간은 물컹하기 때문에 살짝 얼린 후 손질하면 더 안전하게 손질할 수 있어요.
- 말린 소간은 믹서기에 갈아주면 소간 파우더가 됩니다.

**영양정보**

돼지코는 콜라겐과 단백질이 풍부하며, 비타민 B군과 미네랄이 포함되어 있어 신경계 건강과 에너지 대사에 기여를 할 수 있습니다. 또한, 돼지코는 씹는 데 시간이 걸리는 간식으로 오독오독 씹히는 재미가 있어 뼈 간식이 부담스럽고 오랫동안 씹으면서 즐길 수 있는 간식을 찾는다면 돼지코를 추천합니다.

# 돼지코

난이도 ☆☆☆★★ 소요시간 15시간 급여대상 개

### 재료

돼지코 3개
월계수 잎 1~2장
파슬리

### 레시피

1 돼지코는 끓는 물에 월계수 잎 1~2장을 넣고 끓여 잡내를 제거해준다.
2 잡내를 제거한 돼지를 면도기로 털을 제거해주고, 가위로 불순물을 제거한다.
3 손질된 돼지코를 건조트레이에 올린 후 파슬리를 뿌려준다.
4 건조기 60도에서 14시간 이상 건조한다.

### 필요도구

볼
면도기
가위
냄비, 건조기

### 쿠킹 Tip

- 돼지 귀, 돼지 꼬리도 위와 같이 손질할 수 있어요
- 돼지는 기름과 불순물이 많아 한번 삶아주는 게 좋습니다.

## 영양정보

캥거루 꼬리는 철분, 아연, 비타민 $B_{12}$가 풍부한 저지방, 고단백 식품으로 체중관리가 필요한 반려견에게 적합하며, 오래 씹어 먹을 수 있어 씹는 즐거움을 제공하고 스트레스 완화에 도움을 줄 수 있습니다.

## 캥거루 꼬리 급여 시 주의사항

① 급하게 먹는 강아지의 경우, 자칫 목에 걸릴 수 있으니 뼈 간식 급여는 피해주세요.
② 뼈 간식의 경우, 만일의 상황을 대비해 보호자와 함께 있을 때 급여해주세요.
③ 소화력이 좋지 않은 친구들은 뼈는 제외하고 살코기만 급여해주세요.

# 캥거루 꼬리

난이도 ☆☆☆★★ 소요시간 15시간 급여대상 개

**재료**

캥거루 꼬리 500g
파슬리
식초 3T

**레시피**

1 찬물에 캥거루 꼬리를 담가 핏물을 제거한다.
2 뼈에 붙어 있는 지방을 가위로 제거한다.
3 손질한 캥거루 꼬리를 식초 물에 담가 소독한다.
4 세척 후 건조트레이 위에 올려준 후 파슬리를 뿌려준다.
5 건조기 60도에서 14시간 이상 건조해준다.

**필요도구**

볼
가위
건조기

**쿠킹 Tip**

- 캥거루 꼬리 외에 송아지 목뼈도 동일한 방법으로 손질이 가능합니다.

## 영양정보

고구마는 식이섬유가 풍부하여 반려견의 변비 예방 및 규칙적인 배변 활동을 돕습니다. 고구마의 베타카로틴은 면역체계를 강화하고 피부와 눈 건강에 중요한 역할을 하며 항산화 기능을 해서 노화방지에 도움을 줍니다.

## 고구마 급여 시 주의사항

① 천연 당분이 많기 때문에 과다 섭취 시 혈당 수치가 높아질 수 있고, 살이 찔 수 있으니 적절한 양을 유지하여 급여해주세요!
② 고구마는 생으로 급여 시 소화가 어렵고 위장에 부담을 줄 수 있어서 반드시 찌거나 구워서 주세요
③ 간혹 알레르기가 있는 반려견들이 있으니 처음 급여 시 소량만 제공해주세요.

# 고구마 치즈볼

**난이도** ☆☆☆★★ **소요시간** 10시간 **급여대상** 개, 고양이

### 재료

고구마 300g
락토프리 우유 150mL
식초 2T

### 레시피

1 고구마는 껍질을 제거하고 미리 쪄둔다.
2 우유를 냄비에 담고 약불에서 천천히 저어주면서 끓여 준다.
3 우유가 끓는 순간 불을 낮추고 식초를 유청이 분리될 때까지 조금씩 부어준다.
4 치즈가 굳으면 체에 걸러서 물기를 짜준다.
5 완성된 코티지치즈와 고구마를 섞어 알맞은 크기의 고구마 치즈볼을 만들어 건조트레이에 올려준다.
6 건조기 60도에서 9시간 건조한다.

### 필요도구

볼
냄비
건조기

**쿠킹 Tip**

- 다이어트를 하는 반려동물은 고구마 외에 단호박을 사용해서 단호박 치즈볼을 만들 수 있어요!

**영양정보**

연어는 오메가3지방산이 풍부하여, 강아지의 피부를 건강하게 유지하고 털을 윤기 있고 부드럽게 만들어줍니다. 또한 고품질의 단백질을 제공하여 근육발달과 유지에도 도움을 줘 성장기에 활동량이 많은 강아지에게 특히나 유용한 식재료입니다. 그 외에도 비타민과 미네랄이 풍부하며, 심장 건강, 면역력 강화, 인지 기능 개선 등의 효능을 가지고 있습니다.

# 연어 초밥

**난이도** ☆☆☆★★ **소요시간** 13시간 **급여대상** 개, 고양이

**재료**

연어 150g
락토프리 우유 300mL
식초 2T

**레시피**

1 연어는 비늘과 껍질을 제거해준 후 세척해준다.
2 우유를 냄비에 담고 약불에서 천천히 저어주면서 끓여 준다.
3 우유가 끓는 순간 불을 낮추고 식초를 유청이 분리될 때까지 조금씩 부어준다.
4 치즈가 굳으면 체에 걸러서 물기를 짜준다.
5 치즈를 밥 모양으로 뭉쳐주고 연어를 원하는 크기로 잘라 밥 위에 올려준다.
6 건조기 60도에서 12시간 이상 건조해준다.

**필요도구**

볼
칼, 도마
냄비
건조기

**쿠킹 Tip**

- 연어 외 다른 재료들(닭, 오리, 소 등)로도 초밥을 만들 수 있습니다.

**영양정보**

반려동물을 위한 간식을 만들 때에는 인공색소를 사용하지 않고, 천연가루를 사용하면 각각의 효능도 살리고 안전하게 급여할 수 있다.

# 꼬꼬시리얼

**난이도** ☆☆☆★★ **소요시간** 11시간 **급여대상** 개, 고양이

**재료**

닭가슴살 300g
식초 3T
단호박 가루
시금치 가루
자색고구마 가루

**레시피**

1 닭가슴살은 냉장 해동 후, 지방과 막을 제거한다.
2 손질된 닭가슴살은 세척 후 물에 담가 식초를 넣고 20~30분 소독해준다.
3 세척 후 믹서기에 갈아주고 100g씩 나눠준다.
4 원하는 색감의 천연가루를 넣고 반죽에 색감을 내준다.
5 짤주머니에 반죽을 넣어 시리얼 모양으로 건조트레이 위에 짜준다.
6 건조기 60도에서 10시간 이상 건조해준다.

**필요도구**

볼
칼, 도마
짤주머니
믹서기, 건조기

**사용할 수 있는 천연가루들**

- **노란색 :** 단호박 가루, 치자 가루
- **초록색 :** 시금치 가루, 스피루리나 가루
- **보라색 :** 자색고구마 가루
- **분홍색 :** 비트 가루, 백년초 가루
- **갈색 :** 캐롭 가루

천연가루를 사용해 다양한 색감의 시리얼을 만들어 보세요!

**영양정보**

열빙어는 고단백식품으로 오메가3가 풍부하고 칼슘과 인이 많아 뼈와 치아 건강에 도움이 됩니다. 또한 작고 뼈가 부드러워 소화력이 약한 반려견도 쉽게 먹을 수 있습니다.

# 열빙어 오리말이

난이도 ☆☆☆★★ 소요시간 13시간 (염분 제거 포함 25시간) 급여대상 개, 고양이

## 재료

오리 안심 200g
열빙어 10마리
식초 3T

## 레시피

1 오리안심은 냉장 해동 후, 지방과 막을 제거한다. (노견의 경우, 힘줄도 가위로 제거해준다.)

2 손질된 오리 안심은 세척 후 물에 담가 식초를 넣고 20~30분 소독해준다.

3 열빙어는 염분을 제거하기 위해 12시간 이상 물에 담가 둔다.

4 열빙어는 건조가 잘되도록 중간중간 칼집을 내준다.

5 손질된 오리 안심은 힘줄 부분이 안으로 가도록 해서 열빙어에 말아 건조트레이에 올려준다.

6 건조기에서 60도로 12시간 이상 건조해준다.

## 필요도구

볼
가위
칼, 도마
건조기

### 쿠킹 Tip

1 열빙어는 영양가가 높으므로 적당량을 급여하는 게 중요합니다. 과도하게 급여 시 칼슘이나 인이 과다 섭취될 수 있습니다.

2 오리고기를 좋아하지 않는 반려묘는 열빙어만 급여해주셔도 됩니다.

## 영양정보

닭발은 콜라겐과 글루코사민, 칼슘이 풍부해 반려견의 관절과 연골 건강에 도움이 됩니다. 또한 오래 씹을 수 있어 반려견의 스트레스 완화에도 도움이 됩니다.

## 닭발 급여 시 주의사항

① 생 닭발을 급여할 때 기생충이나 세균에 오염될 수 있고, 뼈가 부러지면서 날카로운 조각에 반려견의 입이나 소화기관이 손상될 수 있으니 꼭 익혀서 급여해주세요.
② 발톱은 건조되면 매우 날카로우니 꼭 발톱은 잘라서 급여해주세요.
③ 급하게 먹는 반려견의 경우, 급여를 피해주세요.

# 닭발

난이도 ☆☆☆★★ 소요시간 15시간 급여대상 개

### 재료

닭발 500g
식초 3T
파슬리가루

### 레시피

1 닭발은 냉장 해동 후, 지방과 막, 발톱을 제거한다.
2 손질된 닭발은 세척 후 물에 담가 식초를 넣고 20~30분 소독해준다.
3 건조트레이에 올린 후, 파슬리가루를 뿌려준다.
4 건조기에서 60도로 14시간 이상 건조해준다.

### 필요도구

볼
가위
건조기

### 쿠킹 Tip

- 치아가 약한 반려견은 무뼈 닭발을 건조해 급여할 수 있습니다.

**영양정보**

소고기는 고단백 식품으로 기력보충에도 좋고 기호성도 좋은 식재료입니다. 또한, 비타민 B12, B6, 니아신 등 비타민 B군이 풍부해 신경계 건강에 도움을 줍니다. 소고기는 급여 시 지방이 적은 홍두깨살 부위를 사용해 주세요!

# 소고기 야채칩

난이도 ☆☆☆★★ 소요시간 13시간 급여대상 개, 고양이

**재료**

홍두깨살 500g
당근 25g
브로콜리 25g
양배추 25g
가지 25g
식초 3T

**레시피**

1 소고기는 냉장 해동 후 막과 지방을 제거하고 식초 소독을 해준다.
2 믹서기에 손질된 소고기를 갈아준다.
3 당근, 브로콜리, 양배추, 가지는 잘게 다져준다.
4 간 소고기에 다진 야채를 넣고 반죽해준다.
5 건조트레이에 원하는 칩 모양으로 성형해준다.
6 건조기 60도에서 12시간 건조해준다.

**필요도구**

볼
칼, 도마
믹서기
건조기

**쿠킹 Tip**

- 소고기 외에 다른 육류로도 변경이 가능합니다.
- 반죽이 잘 섞일 수 있게 모든 재료는 최대한 갈거나, 다져주세요!

**영양정보**

오리목뼈는 고단백, 칼슘, 글루코사민 등 다양한 영양소를 제공하여 근육발달, 뼈 건강, 관절에 도움이 됩니다. 또한 연골로 되어 있어 단단하지 않고 부드럽게 부서져서 뼈까지 모두 오독오독 씹어먹을 수 있습니다.

**오리목뼈 급여 시 주의사항**

① 목뼈는 반려견의 크기에 따라 사이즈를 조절해서 급여해주세요.
② 급하게 먹는 반려견의 경우, 급여를 피해주세요.

# 오리목뼈

난이도 ☆☆★★★ 소요시간 13시간 급여대상 개

**재료**

오리목뼈 500g
식초 3T
파슬리

**레시피**

1 냉장 해동된 오리목뼈를 식초물에 20~30분 정도 담가 소독을 한다.

2 물에 깨끗하게 헹군 후 가위로 지방과 지방 옆에 붙은 살, 막 등을 잘라주고 원하는 크기로 잘라준다.
가위는 꼭 목뼈와 평행하게 들고 지방을 제거해준다.

3 손질된 목뼈를 건조트레이에 올린 후 파슬리를 뿌려준다.

4 건조기에서 60도 12시간 이상 건조한다.

**필요도구**

볼
가위
건조기

**쿠킹 Tip**

- 가위질을 잘못하면 뾰족해질 수 있으니 주의해주세요!

**영양정보**

소떡심은 등심 부위에 있는 소의 힘줄로 노란색을 띠고 있어, 딱딱하게 씹기 좋은 식감으로 반려견들에게 기호성이 높습니다. 또한 고단백 저지방 식품으로 체중관리가 필요한 친구들에게도 도움이 됩니다.

# 소떡심 떡갈비

난이도 ☆☆★★★ 소요시간 16시간 급여대상 개

### 재료

소떡심 100g
오리 안심 300g
식초 3T
파슬리

### 레시피

1 소떡심은 끓는 물에 10~20분 정도 삶아준다.
2 삶은 소떡심을 흐르는 물에 세척해주고, 하얀 지방막을 제거해준다.
3 오리 안심은 냉장 해동 후, 막과 지방을 정리하고 식초 소독해준다.
4 소독한 오리 안심을 믹서기에 갈아준다.
5 손질된 소떡심을 원하는 크기로 잘라준다.
6 소떡심에 간 오리 안심을 붙여 모양을 성형해준다.
7 성형된 떡갈비를 건조트레이에 올린 후, 파슬리를 뿌려준다.
8 건조기 60도에서 15시간 이상 건조해준다.

### 필요도구

볼
가위
건조기

### 쿠킹 Tip

- 오리 외에 다른 육류로 변경해서 만들 수 있어요!

## 영양정보

우유는 고단백식품으로 칼슘과 비타민 D가 풍부해서 뼈와 치아를 강화하는 데 도움을 줍니다. 다만 많은 반려견이 유당불내증을 가지고 있어 일반 우유는 소화하기 힘듭니다. 반려동물에게 우유를 급여할 경우, 유당이 분해된 락토프리 우유를 사용해주세요!

# 우유껌

**난이도** ☆☆★★★ **소요시간** 10시간 **급여대상** 개, 고양이

**재료**

락토프리 우유 900mL

한천 가루 27g

**레시피**

1 냄비에 우유를 붓고 한천 가루를 잘 풀어준다.

2 약한 불에 저어 걸쭉하게 만들어지면 준비한 용기에 부어 굳힌다.

3 푸딩이 굳혀지면 원하는 모양으로 칼로 잘라준다.

4 껌을 건조트레이에 올린 후, 건조기 60도에서 9시간 이상 건조해준다.

**쿠킹 Tip**

- 천연가루를 활용하여 다양한 색감의 껌을 만들어보세요!
- 다만, 가루가 너무 많이 들어가면 잘 굳지 않을 수 있으니 적당량만 첨가해주세요.
- 반려동물은 젤라틴을 소화시키지 못해 한천 가루를 사용합니다.

**필요도구**

볼, 냄비

주걱

굳힐 용기

칼, 도마, 건조기

# 화식

밥 위에 뿌려주거나, 특별식으로 급여하기 좋은 주먹밥

자연식을 처음 먹는 고양이들은 사료 위에 조금씩 으깨서 뿌려주시면 더 잘 먹습니다.

다양한 모양의 주먹밥을 만들어봐요!

# 주먹밥

**난이도** ☆☆☆☆★ **소요시간** 1시간 **급여대상** 개, 고양이

**재료**

닭가슴살 200g
애호박 10g
당근 10g
김밥용 김 1장
볶은 검은깨 가루 5g

**레시피**

1 닭가슴살은 지방과 막을 제거한 후 갈아준다.
2 애호박과 당근은 잘게 다져준 후 간 닭가슴살, 볶은 검은깨 가루와 함께 섞어준다.
3 원하는 모양으로 성형한다.
4 김은 원하는 크기로 잘라서 주먹밥 모양으로 감싸준다.
5 예열된 오븐 180도에서 20분 구워준다.

**필요도구**

볼, 주걱
칼, 도마
믹서기
오븐

**쿠킹 Tip**

- 닭가슴살 외에 칠면조고기 등으로 대체 가능합니다.
- 김은 염분처리가 안 된 김밥용 김을 사용해주세요!

테린(Terrine) 은 전통적인 프랑스요리로, 고기나 내장을 으깨 묵의 형태로 굳힌 것입니다.

다양한 재질로 만들어진 직사각형의 테린틀(테린이라고도 함)에서 조리됩니다.

고기와 야채를 섞어 기호성 높고 토핑용으로도 좋은 화식을 만들어보세요!

# 테린

**난이도** ☆☆☆☆★ **소요시간** 30 1시간 30분 **급여대상** 개, 고양이

### 재료

닭가슴살 500g
당근 15g
파프리카 20g
브로콜리 15g

### 레시피

1 닭가슴살은 미리 막과 지방을 제거하고 믹서기에 곱게 갈아준다.

2 야채는 소화가 잘 되도록 잘게 다져놓는다. (원하는 디자인에 따라 크기 변경가능)

3 곱게 간 닭가슴살과 야채를 볼에 넣어 골고루 섞는다.

4 파운드틀에 기포가 생기지 않도록 꾹꾹 눌러 담아준다.

5 윗면이 타지 않도록 포일로 감싸준다.

6 예열된 오븐 200도에서 60분 구워준다.

〈주의사항〉

사기그릇이나 내열 그릇에 물을 담아 오븐 틀에 함께 넣어 구워준다.

### 필요도구

볼, 주걱
칼, 도마
믹서기, 오븐
파운드틀(15cm)

### 쿠킹 Tip

- 테린은 다른 종류의 육류들로도 대체가 가능합니다. 다만, 말이나 캥거루는 고기가 질겨 성형 시 잘 부서지니 주의해주세요.
- 천연가루를 넣어 색감 있는 테린도 만들 수 있어요!

# 토마토 파스타

**난이도** ☆☆☆★★ **소요시간** 40분 **급여대상** 개, 고양이

### 재료

닭가슴살 100g
브로콜리 20g
파프리카 20g
파스타면 30g
카놀라유 10g
토마토 400g

### 레시피

1 닭가슴살은 지방과 막을 제거한 후 먹기 좋은 크기로 잘라준다.

2 야채를 미리 다져놓는다.

3 파스타는 5cm 크기로 잘라 미리 삶는다.
(급하게 먹다 걸릴 수 있으니 꼭 잘라주세요!)

4 토마토는 꼭지를 뗀 후, 십자로 칼집을 내 끓는 물에 데쳐서 껍질을 벗겨준다.

5 껍질 벗긴 토마토에 씨를 빼고 믹서기에 갈아준다.

6 팬에 오일을 넣고 다져진 닭가슴살과 야채를 넣고 볶는다.

7 익혀지면 삶은 파스타와 토마토 소스를 넣고 졸여준다.

### 필요도구

볼, 주걱
칼
도마
냄비

**쿠킹 Tip**

• 파스타면은 제면 시 글루텐이 적어 펫푸드에 사용이 가능합니다. (푸실리 등도 사용 가능!)

* **글루텐?** 반려동물에게 알레르기를 유발할 수 있고 소화시키기 힘들어 글루텐이 거의 없는 재료를 사용합니다.

# 단호박 야채찜

**난이도** ☆☆★★★ **소요시간** 1시간 **급여대상** 개, 고양이

### 재료

미니 단호박 1통
두부 150g
닭가슴살 200g
양배추 50g
당근 50g

### 레시피

1 양배추, 당근, 닭은 곱게 다져 준비한다.
2 두부는 끓는 물에 끓여 염분을 제거한다.
3 염분을 제거한 두부는 면보를 이용해 물기를 제거한다.
4 볼에 다진 야채와 닭, 두부를 넣고 버무려 소를 만든다.
5 단호박은 깨끗이 씻고 꼭지 부분을 자른 후 숟가락으로 속을 판다.
6 단호박 안에 4를 넣어 채운다.
7 소를 채운 단호박은 뚜껑을 덮고 찜기에 30분간 찐다.

### 필요도구

볼, 주걱
칼, 도마
믹서기
찜기

### 쿠킹 Tip

- 껍질째 사용하는 단호박은 베이킹소다 혹은 식초를 사용해 깨끗하게 세척해주세요!

# 어묵

**난이도** ☆★★★★ **소요시간** 30 1시간

**재료**

동태(동태전 용) 300g
당근 70g
파프리카 50g
전분 100g

**레시피**

1 동태는 12시간 이상 물에 담가 염분을 빼고 가시를 제거한 후 믹서기에 갈아준다.
2 당근, 파프리카는 작게 다진다.
3 볼에 1과 2 그리고 전분을 넣고 잘 섞어준다.
4 반죽을 덜어 동그랗게 빚는다.
5 빚은 후 전분에 한 번 더 굴린 후 끓는 물에 삶아준다.
6 끓는 물에 넣어 떠오르면 건져낸다.

**필요도구**

볼, 주걱
칼, 도마
믹서기
냄비

**[빠르게 염분 제거하는 방법]**

– 동태를 끓는 물에 데쳐줍니다.

- 전분은 수분량에 따라 조금씩 조율해줍니다.
- 어묵 반죽이 너무 묽으면 삶다가 풀릴 수 있으니 전분으로 조율해주세요! (탄탄해야 함)
- 삶는 대신 찜기에 쪄도 됩니다.

# 카레

난이도 ☆☆☆★★ 소요시간 30 1시간 급여대상 개, 고양이

**재료**

단호박 300g
우유 소량
당근 15g
감자 15g
브로콜리 10g

**밥**

우유 300g
식초 2T

**레시피**

1 단호박은 찐 후 우유와 함께 믹서기에 갈아 수프 상태로 만들어준다.
2 감자는 잘라준 후 미리 끓는 물에 삶아준다.
3 당근, 브로콜리는 큐브형으로 잘라준다.
4 단호박 수프에 야채를 넣고 냄비에 약불로 졸여준다.
5 냄비에 우유 300을 넣고 약불로 끓여준다.
6 끓으면 식초를 넣어 유청을 분리해주고 치즈를 체에 걸러준다.
7 용기에 이쁘게 담아준다.

**필요도구**

볼, 주걱
칼, 도마
믹서기
냄비

**쿠킹 Tip**

- 찐 닭가슴살을 갈아서 코티지치즈 대용으로 사용할 수 있어요!

# 멍도그

난이도 ☆☆☆★★ 소요시간 1시간 급여대상 개, 고양이

**재료**

닭가슴살 300g
당근 15g
애호박 15g
단호박 50g
단호박 가루 20g
코코넛 가루 30g

머스터드 소스

우유 100g
한천 3g
단호박 가루 5g

**레시피**

1 닭가슴살은 세척 후 막과 지방을 제거하고 갈아준다.

2 당근과 브로콜리는 잘게 잘라 간 닭가슴살과 섞어 반죽해준다.

3 알맞은 크기로 반죽에 단호박을 넣고 소시지 모양으로 둥글게 말아준다.

4 단호박 가루와 코코넛 가루 섞은 토핑 가루에 굴려 성형한다.

5 오븐 팬에 올려 180도 20분 구워준다

6 냄비에 우유, 한천, 단호박 가루를 넣고 약불에 졸여준다.

7 걸쭉해지면 짤주머니에 넣고 소스를 짜준다.

**필요도구**

볼, 주걱, 칼, 도마
믹서기, 냄비, 오븐
아이스크림 막대
짤주머니

**쿠킹 Tip**

- 나무막대는 급여 시 제거해주세요.
- 막대 대체재로는 건조 소떡심이나 건조 고구마 등이 있습니다.

강아지 고양이가 모두 좋아하는 영양츄르입니다.

고양이에게 급여시 가쓰오부시를 한 꼬집 추가하면 더 기호성 있게 급여할 수 있어요!

# 츄르

**난이도** ☆☆☆★★ **소요시간** 30분 **급여대상** 개, 고양이

### 재료

닭가슴살 100g
연어 100g
당근 10g
브로콜리 10g
단호박 20g
물

### 레시피

1 닭가슴살은 세척 후 막과 지방을 제거하고 연어는 세척 후 껍질과 가시를 제거한다.

2 끓는 물에 닭과 연어를 삶아준다.

3 당근과 브로콜리, 단호박도 손질 후 잘게 썰어 2에 넣고 삶아준다.

4 3을 체에 걸러준다.
(끓인 육수를 활용하니 육수는 버리지 않는다.)

5 믹서기에 4를 넣고 원하는 농도로 육수를 첨가해 갈아준다.

6 스틱형 봉투에 소분해준다.

### 필요도구

볼, 주걱, 칼, 도마
믹서기, 냄비
스틱형 봉투
실링기

### 쿠킹 Tip

- 보다 걸쭉하게 만들고 싶다면 전분 가루를 조금 첨가해주세요!

# 송편

**난이도** ☆★★★★ **소요시간** 1시간 **급여대상** 개

**재료**

쌀가루 70g
뜨거운 물
천연가루

소

고구마 50g
닭가슴살 50g

**레시피**

1 닭가슴살은 세척 후 막과 지방을 손질해 다져준다.
2 고구마는 미리 껍질을 벗긴 후 쪄준다.
3 쌀가루와 원하는 색상의 천연가루를 넣고 뜨거운 물을 조금씩 넣어가며 송편 반죽을 만들어준다.
4 다 된 반죽은 마르지 않도록 랩으로 감싸준다
5 2번을 반복해준다.
6 고구마와 닭가슴살을 섞어 동그랗게 소를 만들어준다.
7 송편 반죽 안에 소를 넣고 모양을 만들어준다.
8 찜기에 20분 정도 쪄준다

**필요도구**

볼, 주걱
칼
도마
찜기

**쿠킹 Tip**

- 반죽이 달라붙지 않도록 사이사이에 간격을 두어 찜기에 쪄줍니다.

# 가자미스튜

**난이도** ☆☆☆★★ **소요시간** 40분 **급여대상** 개, 고양이

### 재료

가자미 150g
토마토 4개
퀴노아 1T
당근 15g
가지 15g
카놀라유 10g
달걀 1개
아기치즈 1장

### 레시피

1 토마토는 꼭지를 떼고 십자로 자른 후 끓는 물에 데쳐 껍질과 씨를 제거하고 믹서기에 갈아준다.
2 가자미는 물에 12시간 이상 담가 염분을 제거하고 껍질과 가시를 뺀 후 팬에 오일을 두른 후 익혀준다.
3 2에 달걀을 풀어 익힌 후, 퀴노아, 브로콜리, 가지와 함께 볶아준다.
4 간 토마토를 넣어 졸여준다.
5 아기치즈로 마무리 토핑을 해준다.

### 필요도구

볼, 주걱
칼
도마
냄비

### 쿠킹 Tip

- 아기치즈는 염분이 낮아 반려견에게도 급여할 수 있어요!
- 가자미는 손질된 것으로 사용하셔야 편합니다.

# 베이커리

초콜릿이 덩어리째
OPEN

# 칙촉

**난이도** ☆☆☆★★ **소요시간** 30 50분 **급여대상** 개

**재료**

달걀 1개
꿀 10g
카놀라유 70g
박력 쌀가루 130g
캐롭 파우더 10g
단호박 100g
소간칩 10g

**레시피**

1 단호박을 미리 쪄두고 씨를 빼준다.
2 볼에 달걀과 오일, 꿀을 넣고 섞어준다.
3 쌀가루와 단호박을 넣고 반죽을 만들어준다.
4 반죽을 납작하게 성형하고 소간칩(소간 져키)을 깊게 꽂아 준다.
5 오븐에서 150도 15분 구워낸다.

**필요도구**

볼, 주걱
숟가락
찜기
오븐

**쿠킹 Tip**

- 소간칩(소간 져키)은 앞에 레시피(p. 61)를 참고해주세요!
- 단호박 묽기에 따라 반죽 농도가 다를 수 있습니다. 묽으면 쌀가루를, 뭉쳐지지 않으면 달걀을 첨가해주세요!

# 월병

**난이도** ☆☆★★★ **소요시간** 30 1시간 **급여대상** 개

## 재료

달걀 1개
꿀 20g
카놀라유 30g
쌀가루 155g
고구마 70g
천연가루(원하는 색감)

소

고구마 80g

## 레시피

1 달걀 1개, 꿀, 오일을 넣고 섞어준다.
2 쌀가루와 고구마를 넣고 덩어리 반죽을 만들어준다.
3 반죽에 색감을 입혀준다.
4 반죽을 뜯어 중앙에 고구마 소를 넣어주고 잘 굴려준다.
5 월병 틀에 오일을 발라준 후 반죽을 넣어서 찍어준다.
6 오븐 150도에서 15분 구워준다.

## 필요도구

볼, 주걱
숟가락
찜기, 오븐
월병 틀

### 쿠킹 Tip

- 월병 틀을 찍을 때 오일을 발라주지 않으면 떨어지지 않을 수 있으니 꼭 발라주세요!
- 반질반질한 반죽을 원하면 달걀 물을 입힌 후 오븐에 구워주세요

# 마들렌

**난이도** ☆☆☆★★ **소요시간** 30 40분 **급여대상** 개, 고양이

### 재료

달걀 1개
꿀 10g
코코넛 가루 15g
박력 쌀가루 30g
단호박 30g

### 레시피

1 단호박은 미리 쪄준 후 껍질과 씨를 빼준다.
2 볼에 달걀 1개, 꿀을 넣고 섞어준다.
3 1번에 코코넛 가루와 박력 쌀가루, 단호박을 넣고 반죽을 만들어준다
4 짤주머니에 반죽을 넣고 마들렌 틀에 짜준다.
5 오븐 150도에서 15분 구워준다

### 필요도구

볼, 주걱, 숟가락
찜기, 오븐
미니마들렌 틀
짤주머니

### 쿠킹 Tip

- 천연가루를 넣어서 원하시는 색감을 만들 수 있어요!

# 호떡

**난이도** ☆☆☆★★ **소요시간** 1시간 **급여대상** 개

### 재료

달걀 1개
락토프리 우유 35g
카놀라유 15g
박력 쌀가루 150g

**소**

바나나 1개
홍두깨살 20g
캐롭 파우더 10g

### 레시피

1 팬에 으깬 바나나, 다진 홍두깨살, 캐롭 파우더를 넣고 졸여준다.
2 달걀, 우유, 카놀라유를 섞어준다
3 1에 쌀가루를 넣고 섞어준다
4 반죽 사이에 소를 넣고 호떡 모양으로 눌러준다.
5 냄비에 오일을 소량 두르고 구워준다.

### 필요도구

볼, 주걱
숟가락
칼
도마, 팬

**쿠킹 Tip**

• 홍두깨살은 손질 후 갈아주시면 더 좋아요!

# 단호박 꼬꼬머핀

난이도 ☆☆☆★★ 소요시간 30 1시간 급여대상 개, 고양이

**재료**

달걀 2개
카놀라유 30g
락토프리 우유 50g
쌀가루 140g
닭가슴살 130g
단호박 20g
당근 20g
브로콜리 20g

토핑용

단호박 30g

**레시피**

1 닭가슴살은 지방과 막을 제거하고 갈아주고, 야채들은 미리 잘게 다져둔다.
2 단호박은 미리 쪄주고 씨와 껍질은 제거한다.
3 달걀을 풀어주고, 오일과 우유를 넣어서 섞어준다.
4 쌀가루를 체쳐서 넣어주고 뭉친 가루 없이 잘 풀어준다.
5 닭가슴살, 단호박, 당근, 브로콜리를 넣고 머핀 틀에 반죽을 부어준다.
6 단호박을 큐브로 잘라 토핑해준다.
7 오븐 180도에서 40분 구워준다.

**필요도구**

볼, 주걱, 숟가락
칼, 도마, 팬, 믹서기
오븐, 머핀유산지
머핀 6구 틀

# 말 야채타르트

난이도 ☆☆★★★ 소요시간 1시간 급여대상 개

**재료**

달걀 1개, 카놀라유 15g
락토프리 우유 20g
박력 쌀가루 120g

토핑용

고구마 400g
말고기 정육 100g
파프리카 40g
브로콜리 40g
코티지치즈 40g

**레시피**

1 말고기는 세척 후, 미리 지방과 힘줄을 제거해 찌거나 구워준다.

2 고구마는 미리 쪄둔다.

3 야채들은 잘게 자른 후, 물에 한 번 데쳐준다.

4 볼에 달걀을 풀고 오일을 넣어 잘 섞은 뒤 우유를 넣고 쌀가루를 넣어 타르트지 반죽을 한다.

5 반죽을 두께 0.8cm 정도로 밀어 타르트 팬에 올려 모양을 잡는다.

6 타르트 바닥면의 반죽에 포크로 구멍을 내준 후, 160도에서 20분 정도 구워준다.

7 완성된 타르트지에 찐 고구마를 돔처럼 쌓아 올려 준다.

8 말, 파프리카, 브로콜리, 코티지치즈를 토핑해 원하는 모양으로 만들어준다.

**필요도구**

볼, 주걱, 숟가락, 칼
도마, 팬, 믹서기, 오븐
찜기, 미니타르트 틀
포크

**쿠킹 Tip**

- 코티지치즈 만드는 법은 앞에 건조간식의 '고구마 치즈볼(p. 67)'을 참고해주세요.

# 몽블랑

### 재료

**타르트지**

달걀 1개
카놀라유 15g
락토프리 우유 25g
귀리가루 120g

**토핑용**

고구마 150g
우유 소량
닭가슴살 100g
애호박 20g
가지 20g

### 필요도구

볼, 주걱, 숟가락, 칼
도마, 팬, 믹서기, 오븐
찜기, 미니타르트틀
포크, 짤주머니, 깍지

### 레시피

1 볼에 달걀 1개와 오일, 우유를 넣고 섞는다.
2 쌀가루를 넣고 반죽을 만들어준다.
3 타르트 틀을 이용해 타르트지를 만든다.
4 180도 오븐에 25분 구워준다.
5 닭가슴살은 막과 지방을 제거한 후 갈아주고, 애호박과 가지는 다져서 세 가지를 섞고 미트볼 형태를 만들어준다.
6 오븐 180도에서 20분 구워준다.
7 타르트지 위에 미트볼을 올린다.
8 찐 고구마를 우유를 넣고 믹서기에 갈아 몽블랑 깍지를 이용해 짜준다.

**쿠킹 Tip**

- 토핑을 위한 고구마도 준비해주세요!

# 톰과 제리 치즈케이크

**난이도** ☆☆★★★ **소요시간** 30 1시간 **급여대상** 개, 고양이

**재료**

락토프리 우유 200g
한천 가루 6g
단호박 가루 5g
코티지치즈 50g

**레시피**

1 우유가 끓으면 식초를 넣어 유당 분리한 후, 코티지치즈를 만들어준다.
2 냄비에 우유, 한천, 단호박 가루를 넣고 약불에 끓인다.
3 걸쭉해지는 순간 케이크 몰드에 겉 부분을 칠하고 굳혀준 후, 치즈를 채워준다.
4 나머지 여백(바닥 부분)에 단호박 푸딩을 넣어 완전히 굳혀준다.

**필요도구**

냄비
주걱
치즈케이크 틀

**쿠킹 Tip**

- 찢어지기 쉬우니 잘 굳힌 후, 치즈를 넣어주세요!

# 과일 크림 머핀

난이도 ☆★★★★ 소요시간 1시간~1시간 30분 급여대상 개, 고양이

**재료**

타르트지

달걀 2개
카놀라유 50g
락토프리 우유 120g
박력 쌀가루 200g
으깬 딸기 60g

토핑용

두부 1모
딸기
우유 소량

**레시피**

1 볼에 달걀, 카놀라유, 우유를 넣고 섞어준다.
2 박력 쌀가루와 딸기를 넣고 날가루가 없이 잘 섞어준다.
3 반죽은 머핀 틀에 유산지를 깔고 80% 정도 부어준다.
4 오븐 180도에서 35분 구워준다.
5 두부는 끓는 물에 염분을 데친다.
6 염분을 제거하고 물기를 뺀 두부에 우유를 넣고 믹서기에 갈아준다.
7 두부 크림은 깍지에 넣고 짜준다.
8 딸기를 원하는 모양으로 토핑해준다.

**필요도구**

볼, 주걱, 숟가락, 칼
도마, 오븐, 믹서기
머핀 6구 틀, 유산지
짤주머니, 깍지

**쿠킹 Tip**

• 딸기 외에 제철과일로도 토핑이 가능합니다.

# 과일 큐브 케이크

난이도 ☆★★★★ 소요시간 30 1시간 30분 급여대상 개, 고양이

**재료**

달걀 4개
카놀라유 80g
박력 쌀가루 200g
락토프리 우유 40g
단호박 80g
닭가슴살 150g

토핑용

우유 200g
한천 6g
천연가루
제철과일

**필요도구**

볼, 주걱, 숟가락
칼, 도마, 팬
믹서기, 오븐, 찜기
큐브 파운드 틀

**레시피**

1 단호박은 쪄서 으깨놓고 닭가슴살을 세척 후 막과 지방을 제거하고 잘게 다져준다.
2 믹싱볼에 달걀을 풀고 카놀라유, 우유를 넣어 섞어준다.
3 2의 재료에 박력 쌀가루를 넣어 섞어준다.
4 다져진 닭가슴살과 으깬 단호박을 반죽에 넣어준다.
5 파운드 틀에 빈 공간이 생기지 않게 부어준다.
6 예열된 180도 오븐에 30분 정도 구워준다.
7 잘 구워진 파운드를 식힘망에 식혀 잘라준다.
8 과일은 원하는 크기로 잘라준다.
9 냄비에 우유, 한천, 천연가루를 넣고 약불에 졸여준다.
10 걸쭉해지면 케이크를 소스에 찍어주고 과일을 올린 후 굳혀준다.

# 참고문헌


김현태 외 공역(2022). 반려동물영양학 아틀라스. 농경애니텍.

방혜원. 2024 국내외 반려동물 시장현황 및 트렌드. 유로모니터 2024.

왕태미(2018). 개와 고양이를 위한 반려동물영양학. 어니스트북스.

왕태미(2020). 당신의 반려동물은 잘 먹고 있나요?. 어니스트북스.

조성호(2023). 반려동물 사료 표시제도의 법률적 쟁점과 과제, 원광대학교 법학연구소.

조우재, 김향미, 김수연, 김정은, 김현주(2024). 반려동물영양학. 라이프사이언스.

황원경(2021). 2021한국반려동물보고서. KB금융지주 경영연구소.

황원경(2023). 2023한국반려동물보고서. KB금융지주 경영연구소.

사료관리법[시행 2024. 4. 25.] [법률 제19752호, 2023. 10. 24., 일부개정]

단미사료의 품목별 기준 및 규격(제8조 제1항 관련)

농림축산식품부(2019.10.24.). 사료 등의 기준 및 규격, 단미사료의 범위.

AAFCO. AAFCO Pet Food and Speciality Pet Food Labeling Guide.

# 저자소개


**신아람**

영남대학교 식품공학과 졸업

건국대학교 동물매개치유학 석사

건국대학교 바이오힐링융합학과 동물매개치료전공 박사과정

현) 한국반려인협회(KPPI) 협회장

현) 댕댕미펫아카데미 대표

현) 인제대학교 반려동물보건학과 객원교수

현) 대구보건대학교 반려동물보건관리학과 겸임교수

현) 영남이공대학교 반려동물스타일리스트과 겸임교수

현) 대경대학교 동물사육복지과 겸임교수

현) 계명문화대학교 펫토탈케어과 외래교수

전) 경남정보대학교 반려동물케어과 외래교수

전) 청년창업사관학교 12기

**김경희**

현) 영남이공대학교 반려동물스타일리스트과 교수

경북대학교 대학원 보건학 박사

경북대학교 제1기 동물산업최고경영자과정 수료

# 반려동물
# 자연식레시피

**초판 1쇄 인쇄** / 2025년 3월 13일
**초판 1쇄 발행** / 2025년 3월 17일

**저　자** / 신아람 · 김경희
**발행인** / 이　중　수
**발행처** / **동　문　사**

서울특별시 서대문구 홍제원 1길 12
(홍제동 137-8)
**Tel** : 02)736-3718(대), 736-3710, 3720
**Fax** : 02)736-3719
**등록번호** : 제9-17호
**등록일자** : 1974년 4월 27일
**가격** : 20,000원

**ISBN** : 979-11-6328-669-1 (13490)
**E-mail** : dong736@naver.com
**Homepage** : www.dongmunsa.com